MÉTHODE

DE

TRANSPOSITION

VOCALE ET INSTRUMENTALE

POUR TOUTES NOTATIONS ET CLÉS

CONTENANT

Un tableau de clés mobiles et une table de Pythagore à l'aide desquels on peut
résoudre instantanément et à vue tous les cas possibles de transposition,
et connaître les clés et les tons voulus, selon la nature des voix
et des instruments.

PAR

DE RAMBURES.

PARIS

CHEZ BLANCHET, RUE RICHELIEU, 11.

1857.

MÉTHODE

DE

TRANSPOSITION

VOCALE ET INSTRUMENTALE

POUR TOUTES NOTATIONS ET CLÉS

CONTENANT

Un tableau de claviers mobiles et une table de Pythagore à l'aide desquels on peut
résoudre instantanément et à vue tous les cas possibles de transposition,
et connaître les clés et les tons voulus, selon la nature des voix
et des instruments.

PAR

DE RAMBURES.

PARIS

CHEZ BLANCHET, RUE RICHELIEU, 11.

1857.

TRANSPOSITION MUSICALE.

En ouvrant les livres de chant, tant en plain-chant qu'en musique, édités dans la notation sténographique-mixte, les musiciens peuvent être étonnés de voir figurer en tête des morceaux, certaines syllabes, et beaucoup se demanderont la signification de cet accouplement bizarre de lettres dont l'emploi, inusité jusqu'ici, ne leur paraît motivé par aucun précédent. Leur étonnement cessera quand, à défaut de nos ouvrages théoriques, où les règles et les motifs de cet agencement de syllabes ont été suffisamment développés, ils auront vu, à l'aide des tableaux ci-joints, quelle facilité donne l'emploi de ces syllabes pour comprendre le mécanisme de la tonalité musicale, d'ordinaire si embrouillée pour les commençants, dans les méthodes ordinaires. C'est parce qu'il résulte d'une certaine combinaison de la voyelle avec la consonne, une démonstration complète, claire et nette de tous les mouvements de la tonalité musicale, que nous avons donné à cette combinaison le nom de *langue des intonations*, par analogie du nom de *langue des durées* donné par M. Aimé Paris à une démonstration complète des lois du rhythme musical, au moyen d'un agencement particulier de voyelles et de consonnes sur le chronoméristę de Galin.

1

Que l'on se donne la peine de découper et de faire agir l'une à côté de l'autre les deux parties du tableau des claviers ci-joints, de la manière et dans le sens qui vont être indiqués, et l'on comprendra comment, avec la voix, l'on peut exécuter les morceaux de chant dans les tons voulus, sans sortir de la gamme primordiale d'*ut*, et comment, sur les instruments, pour passer à vue d'un ton noté dans un autre, l'on doit créer des clés factices avec leurs armures diverses pour modifier les doigtés. Par ce moyen, on apprendrait à transposer à vue sur le piano et sur l'orgue sans clavier transpositeur, et avec ce dernier clavier, on aurait l'avantage de pouvoir se rendre un compte exact des diverses transformations mécaniques qu'il opère sur la gamme primordiale.

Ces procédés sont destinés à faciliter l'étude de la musique en faisant nommer par la syllabe de la solmisation tous les phénomènes de la tonalité, comme par une étiquette qui en donne l'intelligence et les grave profondément dans la mémoire pour les représenter ensuite évidents et faciles à exécuter dans tous les cas identiques. Ils ne sont pas, comme les systèmes de notation, de ces innovations toujours contestables par le fait même des habitudes qu'elles contrarient; ils forment uniquement une méthode d'analyse applicable à la pratique journalière de la musique dans le système usuel.

Aussi, dans la proposition de cette solmisation alphabétique, nous avons l'avantage de nous trouver d'accord avec les musicographes les plus opposés d'ailleurs à des changements de notation.

« Si la solmisation, » dit M. Stephen Morelot, l'un des rédacteurs de la *Revue de la musique religieuse, populaire et classique*, publiée par M. Danjou, dans le n° de septembre 1847, page 311, « si la solmisation n'est qu'une nomen-

clature abrégée des sons qui entrent dans le système musical,
cette nomenclature doit être complète, et elle ne saurait l'être
sans présenter une dénomination spéciale pour chacun des
degrés de l'échelle. . . . . Or les premiers seulement sont représentés dans la solmisation actuelle, créée à
une époque où le genre diatonique était en usage. De nos
jours, au contraire, où la musique tend à accroître sans cesse
la fréquence des changements de tons, à mettre en rapport
des sons appartenant à des gammes diverses, il serait logique
de représenter par des syllabes toutes les notes de la gamme,
soit naturelles, soit accidentelles. . . . . Les musiciens qui savent unir l'habitude des considérations théoriques à l'expérience de l'enseignement pourront examiner
si la grammaire musicale réclame chez nous un perfectionnement de cette nature. » . . . etc.

« La substitution de la solmisation moderne, » dit M. Fétis
dans sa méthode de plain-chant, au système compliqué et peu
rationnel des *nuances*, « abrégea de plus de moitié le temps
nécessaire pour l'étude du plain-chant. »

Que l'on fasse encore un pas sur l'article de la solmisation ;
qu'à la solmisation arbitraire et encore incomplète de Guido
d'Arezzo l'on substitue les éléments complets et nécessaires
d'une solmisation qui offre un nom *dérivé d'une seule gamme*
pour chaque combinaison de la tonalité, et l'on aura, par une
substitution nouvelle aussi avantageuse pour l'art que celle
dont parle M. Fétis, un système complet qui offrira la variété
dans l'unité, tel en un mot que celui ici proposé.

DU TEMPÉRAMENT POUR L'ACCORD DES TOUCHES DU CLAVIER.

Les instruments à clavier, tels que orgue et piano, ont une
portée de plusieurs octaves. Chacune de ces octaves comporte

12 intervalles ou degrés, lesquels sont divisés aujourd'hui chacun en deux parties parfaitement égales qui confondent sur la même coupure, le dièse et le bémol. Malgré la confusion du dièse et du bémol en une seule touche et en un seul son sur le clavier, ce seul son indique néanmoins, par les noms différents qui le désignent, des relations différentes. En effet, par des raisons que nous avons développées au volume *grammaire*, et qu'il serait trop long de relater ici, dans les secondes majeures de la gamme diatonique, il existe en réalité deux sons intermédiaires qui coupent nécessairement cette seconde majeure en 3 parties. En effet, avec la voix et certains instruments, l'oreille sent bien que le dièse qui se résout sur la note en montant, et le bémol sur la note en descendant, sont d'autant rapprochés de leurs notes respectives, qu'elles subissent l'effet d'une puissance attractive à laquelle on ne peut les soustraire qu'aux dépens de la justesse absolue. Ce sont comme les satellites d'une planète que l'on retrouve toujours autour d'elle, malgré ses évolutions dans la sphère.

Mais pour simplifier le doigté, l'on a pensé que, sans détruire les relations différentes que présentent dans la composition musicale pour la tonalité, le dièse et le bémol, l'on pouvait les accorder sur un seul et même son qui serait intermédiaire entre deux sons diatoniques. De cette manière, l'on a eu sur une seule touche, et toujours sur le même doigté, un même son qui, selon les cas, peut jouer le rôle tantôt de dièse, tantôt de bémol.

Mais la tendance de l'oreille à rapprocher le dièse sur la note qu'il précède, et le bémol sur la note qu'il suit, est un obstacle à l'accord des instruments à doigté fixe, tels que ceux à clavier, et l'on serait d'autant moins bien disposé à accorder ces instruments, que l'on chanterait ou que l'on jouerait d'autant plus juste les instruments à doigté mobile. C'est précisément cette difficulté de soustraire l'oreille à l'influence des affinités tonales qui a fait imaginer des procédés particuliers pour arriver à répartir d'une manière égale, entre tous les sons de l'échelle, les 12 sons de chaque octave du clavier. La connaissance de ces procédés et l'habitude de s'en servir avec habileté, ont donné naissance à une industrie qui est celle des accordeurs de piano. On peut l'exercer même sans être musicien.

Les accordeurs sont donc des hommes qui, « placés bon gré ou mal gré sous l'influence des affinités tonales, ont habitué leur oreille à modérer le penchant qu'elle a naturellement à donner trop ou trop peu d'élévation aux sons supérieurs de certains intervalles, penchant qui les entraînerait à rendre forts d'autres intervalles dans lesquels les mêmes lois d'affinité ne se font point sentir. Le soin qu'ils apportent à corriger le penchant de leur oreille se désigne en général par le nom de *tempérament*. » (Fétis.)

En conséquence du tempérament, l'on agit dans la pratique comme si le dièse et le bémol se réunissaient au même point pour occuper le milieu des secondes majeures. Sur le piano et l'orgue, par exemple, la même touche noire servant à faire *la* ♭ ou *sol* ♯, partage également la seconde majeure *sol*, *la*, en deux parties égales.

Cette hypothèse, qui fait confondre dans une même intonation le dièse et le bémol, n'est pas facultative, comme on le voit ; elle est forcée dans l'emploi des instruments à touches ou à clés fixes.

Pour une oreille délicate et habituée par l'exercice à ce sentiment exquis de la justesse que procure le talent et dont la voix humaine et les instruments à cordes ou à coulisses sont les dociles interprètes, sans doute ce partage des intervalles de la gamme chromatique en demi-degrés parfaitement égaux serait un défaut contre la justesse, que ne saurait racheter pour la simple mélodie une exécution irréprochable sous tous les autres rapports ; mais comme en définitive, dans l'harmonie où les instruments à touches fixes ont leur emploi et leur véritable destination, les vibrations simultanées des accords des sons soumis au tempérament ne laissent pas que d'être agréables et fort satisfaisantes pour l'oreille, l'oreille s'est habituée à cet accommodement, et le goût fait volontiers des concessions dont les inconvénients pour la justesse sont largement compensés par des avantages particuliers et inhérents aux instruments à clavier. Le tempérament a été spécialement créé pour ces instruments, et il n'est pas possible de le corriger dans l'exécution, comme on le fait au moyen des lèvres, pour les instruments à embouchure.

Par les tableaux du volume *Grammaire*, qui établissent la démonstration des genres pour la formation des gammes chromatiques et enharmoniques, se trouve suffisamment prouvée la séparation du dièse d'avec le bémol ; nous n'y revenons pas. Mais une chose le prouve encore, c'est la différence qui existe pour la justesse et l'effet entre les voix et les instruments non soumis au tempérament concertant en harmonie et exécutant très-juste, et la même harmonie reproduite par un instrument à tempérament. Dans celui-ci l'oreille perçoit l'harmonie avec une satisfaction froide et calculée, c'est la justesse relative ; mais avec ceux-là, si l'harmonie est reproduite avec la justesse absolue, il en résulte une vibration puissante qui électrise et transporte. « Tous les instruments, quels qu'ils soient, dit *Choron*, ne sont qu'une imitation plus ou moins imparfaite de la voix humaine ; ils sont la plupart plus ou moins faux, particulièrement les instruments à touches qui, à raison même de leur structure, ne sont jamais justes qu'approximativement et d'après le tempérament. Des auteurs font donc un choix malheureux en indiquant ces instruments comme des guides propres à diriger l'oreille et à lui faire contracter le sentiment de la justesse. Ils parleraient avec plus de raison en énonçant l'opinion tout opposée, conformément à la doctrine des plus savants maîtres, et en déclarant que le moyen le plus sûr pour arriver à ce but serait de s'exercer à chanter sans accompagnement, etc., etc. C'est ce qui se pratique dans les meilleures écoles, notamment en notre institution de musique religieuse, où les élèves sont continuellement exercés à chanter sans accompagnement : on en connaît assez le résultat. »

Pour l'exécution pratique, l'oreille, avec les instruments non soumis au tempérament, n'a pas à se préoccuper des distinctions subtiles qui résultent de la différence du dièse d'avec le bémol ; ces distinctions, tirées de la gamme enharmonique, sont fort rares, ou pour ainsi dire inusitées ; elle subit l'influence de ces distinctions, elle en règle l'effet forcément à son insu par la force de la tonalité, et elle subit l'impression du résultat sans avoir à se préoccuper des moyens. Il sera donc plus commode, dans la pratique de la voix et de tous les instruments, de considérer la gamme comme partagée en douze demi-degrés chromatiques, représentés chacun par un son naturel, et un son élevé par le dièse ou abaissé par le bémol. Cela suffira, si, pour la justesse, l'on n'a égard qu'au seul guide certain, lequel est la propriété modale des intervalles de chaque ton et la résolution mélodique des transitions tonales dans les modulations.

Quant aux calculs auxquels pourrait être soumise la distance qui sépare entre elles les coupures chromatiques des secondes majeures, l'on ne peut être certain d'autre chose que de leur incertitude, comme les praticiens le sont déjà de leur inutilité musicale.

L'analyse du son fût-elle démontrée, nous nous garderions bien de la faire connaître à l'élève, d'après ce principe de *Lemarre* :

« Toute analyse, quoique vraie, dont on peut se passer, doit être sévèrement proscrite, car non-seulement elle est inutile, mais elle est funeste à la science, parce qu'elle embarrasse la marche et en fait perdre de vue le but. »

Le clavier instrumental réunissant dans sa forme toutes les conditions voulues pour donner une idée nette et distincte de l'agencement des sons dans la tonalité musicale, nous avons pensé que sa figure pourrait servir de matricule aux procédés que nous avons imaginés pour démontrer les évolutions de la tonalité musicale, et le mécanisme de la transposition des clés et de leurs armures.

EXPLICATION DU TABLEAU DES CLAVIERS.

Soit un des deux tableaux ci-joints représentant le clavier instrumental. Les secondes majeures de la gamme naturelle ou primordiale du mode majeur, nommées et classifiées par les lettres inscrites sur les deux claviers, sont indiquées sur ces claviers par des touches blanches : le partage par moitié de ces secondes ou touches, pour sonner en dièses ou en bémols, selon les tons, est indiqué par les touches noires; la touche noire forme avec la touche blanche qui la précède ou la suit le même intervalle de seconde mineure qui existe deux fois entre deux touches blanches dans la gamme primordiale.

Les deux intervalles de seconde mineure de cette gamme joints aux 8 intervalles de même nature formés par les coupures des secondes majeures en 2 parties égales, donnent en effet une série de 12 sons, intervalles égaux de seconde mineure, qui, répétés d'octave en octave, forment les gammes chromatiques dont se composent les octaves d'un clavier d'orgue ou de piano.

C'est sur cette égalité apportée dans la distance et l'accord de toutes les secondes mineures du clavier, qu'est fondé le mécanisme des claviers transpositeurs et des claviers harmoniques des abbés Laroque, Clergeau, Lambillotte et Guichené, et auxquels ils ont donné le nom de Milacor, Orgues transpositeurs, Organista et Symphonista.

Notre tableau représente deux claviers accolés l'un à l'autre : celui de droite désigne les touches blanches, par les voyelles

a é i eu o u ou a
ut ré mi fa sol la si ut

répétées d'octaves en octaves, lesquelles se distinguent par les nuances des caractères d'imprimerie.

Ces voyelles sont les noms des degrés de la gamme du mode majeur sur n'importe quel ton (il ne faut par perdre cela de vue). Maintenant, comme les tons par les modulations peuvent comporter sur leurs intervalles de secondes majeures des altérations, soit en dièses, soit en bémols, ces altérations ou coupures par moitié des intervalles de secondes majeures marquées par les touches noires, s'indiquent par l'n et l'l. Ainsi, il suffit de nasaler les voyelles pures a, é, eu, o, et de liquider l'u, pour donner par une seule émission vocale aux 12 degrés chromatiques de la gamme, le nom qui leur convient, tout en laissant distincts par les voyelles pures les intervalles diatoniques du mode majeur.

Le clavier de gauche, de son côté, indique une première octave par les consonnes fortes ou touches fortes, une deuxième octave par les consonnes faibles correspondantes ou touches faibles similaires. Cette distinction, jointe à la différence des majuscules et des minuscules, donne une série de 4 octaves. Ces consonnes, placées en regard des voyelles, sont donc leurs articulations, c'est-à-dire ce avec quoi elles sonnent ; d'où vient le nom de *consonnes*.

Ainsi, l'on dira et on prononcera *TA, LÉ, NI, FEU, PO, QU, SOU, da, ré, mi, veu*, etc., etc.

Quand on lira par dièses, l'on dira, par exemple, comme l'indiquent les lignes obliques en montant, *da dan ré, ré rin mi, mi veu, veu vun bo, bo bon gu, gu gul zou, zou ta*. Quand on lira par bémols, au moyen de la ligne oblique en descendant, on dira en sens inverse, *da ran ré, ré min mi, mi veu, veu bun bo, bo gon gu, gu zul zou, zou ta*.

Ainsi se trouvent nommés , non-seulement les degrés chromatiques, mais les deux espèces de degrés chromatiques, soit par dièses, soit par bémols.

Maintenant, faites glisser l'un à côté de l'autre les deux bords des deux claviers collés séparément sur deux cartons, vous obtiendrez ce résultat.

Le clavier des consonnes restant immobile, l'on aura la faculté de promener de long en long sur ses bords les touches du clavier mobile nommées par les voyelles, et en faisant coïncider les points de contact indiqués par le rapport des touches entre elles, l'on arrêtera à un point quelconque pour lire les syllabes qui résulteront du rapport des consonnes avec les voyelles.

Que remarquera-t-on alors ? C'est que la coïncidence d'une touche quelconque de consonnes avec une autre touche quelconque de voyelles pour former syllabe, produit ce que l'on appelle un TON, c'est-à-dire une gamme partant de l'un des points quelconques des 12 degrés de l'échelle. Arrêté à ce point, que l'on examine la touche des consonnes qui sonne avec l'A du clavier mobile, et l'on aura, non-seulement le nom du ton, mais la représentation exacte du phénomène qui s'accomplit dans la production des dièses et des bémols, par suite de la coïncidence des degrés des gammes mobiles des tons, avec les degrés des gammes immobiles du clavier des sons et des voix.

ExEMPLE :

Je rencontre dans la mise en rapport des deux claviers la syllabe *do*, je descends à l'*A*, et je trouve alors la gamme :

FA, PÉ, QI, SEU, do, ru, mou, va.

Les touches blanches coïncident, excepté la touche *S* qui est obligée de descendre en touche noire bémol sur la touche blanche *EU*, pour former l'intervalle de seconde mineure *I, EU* voulu pour l'ordre diatonique du mode majeur.

Maintenant que des modulations apparaissent sur ce ton de *FA*, l'on dira *FA, FAN, PÉ*, etc., si les modulations sont dièses, ou *FA, PAN, PÉ*, etc., si elles sont bémols.

Que je veuille étudier et analyser les tons par ordre de leur génération, et que je commence par le ton de *sol*, le résultat sera le même; en faisant coïncider l'*A* avec la touche *P* représentative du son *sol*, je trouve et je dirai *PA, QÉ, SI, deu, ro, mu, vou, ba*, etc., et avec les modulations, *PA, PAN, QÉ ; PA, QAN, QÉ*, etc., etc. L'on remarquera la touche *v* s'élevant sur la touche noire *v #* pour former l'intervalle de seconde mineure *ou a*, et l'on verra par là comment et pourquoi les intervalles chromatiques, par dièses, sont dits se former en montant, et ceux par bémols en descendant.

Que je prenne, pour former un ton, une touche noire, c'est-à-dire un degré chromatique ; par exemple, le ton de *mi* ♯ représenté par la touche ♭*N*, je la fais sonner avec l'*A* en présentant l'*A* du clavier mobile devant le ♭*N*, et j'obtiens la gamme suivante :

NA, FÉ, PI, QEU, SO, du, rou, ma.

Le *Q*, le *S* et le *m* sont abaissés au bémol sur les voyelles *EU*, *o* et *a*, c'est ce qui explique pourquoi, dans ce ton, il y a 3 bémols à la clé. Ainsi de suite, pour tout le reste. Nous ne voulons pas multiplier ces exemples, qui suffisent pour mettre l'étudiant sur la voie. Il vaut mieux lui laisser le plaisir de chercher seul tous les problèmes de modalité et de tonalité qui peuvent être résolus à l'aide de ce tableau, et dévoilent tout le mécanisme de la transposition, dont on peut dire que les voyelles et les consonnes accouplées dans l'ordre indiqué, sont la langue ou solmisation.

Ces explications étaient nécessaires pour faire comprendre la raison et l'utilité des nouvelles syllabes, pour faire toucher aux yeux et aux oreilles, par la solmisation, le mécanisme de la tonalité et de la transposition.

Examinons les autres propriétés du tableau.

A la gauche du clavier fixe se trouve la classification normale et fixe des voix : les voix d'hommes se distinguent par les lettres majuscules, et les voix puériles ou féminines par les lettres minuscules. Le reste se comprend par les lignes verticales qui indiquent les limites dans lesquelles est circonscrite chaque nature de voix, et par les lignes horizontales qui indiquent le rapport des limites de ces voix aux notes du clavier et du diapason. Les limites des voix d'hommes sont à une octave au-dessous des limites des voix puériles ou féminines. Il en résulte que le *contralto* a beaucoup de notes communes avec le 1er *ténor*. De là le nom de *haute-contre* donné à des voix d'hommes, qui aujourd'hui sont remplacées plus avantageusement par des *contralto*, et donnent moins de fatigue.

Pour la facilité de la classification des voix ordinaires de chœur sur ce clavier restreint, nous n'avons employé que 2 octaves. Elles en comprennent en réalité 4.

A l'inspection de ce tableau, l'on doit comprendre que la répartition de l'harmonie sur les 4 voix, *soprano*, *alto*, *ténor* et *basse*, qui parcourent toute l'échelle des voix sur 4 octaves, est la plus riche en sonorité et variété de timbre. C'est celle qui procure à l'oreille la satisfaction la plus complète. Aussi, les compositeurs lui donnent-ils une juste préférence.

§ 1. — Raison et explication des syllabes mises en tête des pièces de musique ou de plain-chant imprimées en notation sténographique.

Le plain-chant à l'unisson noté en sténographie musicale dans le genre diatonique, c'est-à-dire sans aucun signe altératif autre que ceux nécessités par les évolutions mélodiques, est renfermé pour la plupart des morceaux dans les limites d'une octave. Nous avons conseillé, afin d'empêcher les cris, de le chanter à l'unisson sur 3 octaves. En conséquence, prenant pour limite basse la note *sol* indiquée par *P*, nous écrivons *PA*, *ba* : ou *PÉ*, *va* : *PI*, *ma* : ou *PEU*, *ra*, etc., selon que la note la plus basse est un *ut*, un *ré*, un *mi*, un *fa*, etc. : de cette note, nous montons à la tonique, ce qui donne *ba*, *va*, *ma*, *ra*, etc., etc., et de la tonique enfin, nous allons à la note la plus élevée que nous inscrivons après elle. En résumé, dans toute pièce de plain-chant, la note la plus basse représentée par la voyelle, est accolée au *P* fixe et immuable. De cette voyelle, l'on remonte facilement à la voyelle tonique *A*, et la consonne avec laquelle elle sonne vis-à-vis d'elle est celle du ton de la pièce. Nous cherchons le ton de la pièce par la limite du bas, parce que le bas forme une base au-dessous de laquelle les voix ordinaires ne peuvent descendre.

Quelquefois, quand la pièce de chant est renfermée dans

un espace plus petit qu'une octave, l'on commence par la note *Q*.

Enfin, quand la pièce de plain-chant est mixte, c'est-à-dire qu'elle participe à deux modes, et que pour cela son étendue dépasse les limites d'une octave, nous adoptons deux manières : 1° en prenant le *p* du haut pour limite, nous descendons jusqu'à la consonne sonnant avec la voyelle de la note la plus basse ; 2° en prenant le *Q*, limite basse des barytons, nous inscrivons le morceau pour les voix du milieu, se mettant à l'unisson de 2 octaves.

EXEMPLE tiré du Paroissien romain, *NA*, *ma*, *bi*, ou *QA*, *ga*, *ti*, (p. 499), le 28ᵉ Dim. après la Pentecôte.

INDICATION DES TONS A PRENDRE POUR LES PIÈCES EN HARMONIE, MUSIQUE OU PLAIN-CHANT.

Deux cas peuvent se présenter : ou l'harmonie embrasse les voix dans toute leur étendue jusqu'à leurs limites extrêmes, ou elle ne prend qu'une partie de l'étendue normale des voix.

Dans le premier cas, accolez à la consonne *P* la voyelle qui nomme la note la plus basse de l'harmonie, remontez de là à la voyelle *A* pour reconnaître par la consonne adjacente qui doit sonner avec elle, le nom du ton, et de là vous atteindrez enfin la limite la plus élevée du morceau qui est encore représentée par une voyelle quelconque sonnant avec un autre *p*, mais minuscule.

Dans le deuxième cas, faites la même opération que précédemment, une première fois. Mais pour la deuxième fois, retournez cette opération en descendant de la voyelle la plus élevée du morceau que vous accolerez au *p* minuscule jusqu'à la rencontre de l'*a* sur la consonne vis-à-vis. La syllabe qui en résulte donne un second ton.

Dans ce deuxième cas, il y a donc deux tons à choisir, l'un plus bas, et l'autre le plus haut possible. Par là, le chef de chœur peut faire chanter un morceau avec plus de facilité, en choisissant le ton ou plus bas ou plus haut qui convient le mieux à la nature des voix qu'il possède ; et comme entre le ton le plus bas jusqu'au plus élevé, il peut encore choisir entre les tons intermédiaires à ces deux limites extrêmes, il en résulte qu'avec le secours des deux indications de syllabes marquant les tons extrêmes placées en tête de chaque harmonie, il peut instantanément choisir le ton le plus convenable, selon que la majorité de ses voix oscille d'un ou de plusieurs degrés ou plus haut ou plus bas.

Exemple tiré des formules psalmodiques de notre Psautier romain.

1er mode en G 1 : *PU, SA, za, té :* ou *pé, fa, va, ru,* *P* est la limite basse : l'*U* représente la note *la,* c'est la voyelle la plus basse : en remontant, nous trouvons *SA, za, té.* La dernière limite du morceau étant *ré* désigné par *té,* nous pouvons pour les voix élevées sur la limite *p* descendre du *ré,* ce qui nous donnera *pé, fa, va, ru.* Exemple du 1er cas, voyez mode 10, t 6 t 2, ou nous trouvons *PA, ba, pa.* Mode 8. d 3 B 5 : *PI, ma, na, pi.*

ORIGINE DE LA NOTATION USUELLE MISE EN RAPPORT AVEC
LE CLAVIER.

A la droite du clavier mobile se trouvent les lignes et les clés de la notation usuelle.

Autrefois, du temps de saint Grégoire pape, et jusqu'au xi⁰ siècle, l'on se servait de lettres pour noter la musique ; les signes clés de la notation moderne en sont encore une preuve.

Quand on eut inventé les orgues, et par conséquent, le clavier, les organistes, pour se rappeler le nom des touches à ébranler, inscrivaient les lettres sur des lignes mises en correspondance avec les touches comme nous le voyons sur le tableau.

Ces lettres étaient A B C D E F G signifiant *la si ut ré mi fa sol*, répétées en minuscules simples et doublées pour les octaves, etc. Plus tard, par la grande habitude de distinguer les notes sur les lignes en organisant, ils remarquèrent qu'ils pourraient lire le nom des notes par leur position seule en rapport avec les touches. Et comme des points noirs frappés d'un seul coup étaient plus faciles à tracer que les lettres gothiques, autrefois si compliquées, ils les remplacèrent par ces points burinés sur le parchemin d'un seul coup de poinçon. Seulement, comme moyen de rappel, ils conservèrent quelques lettres sur les lignes. Ces lettres furent F pour le fa du bas, C pour l'ut du *medium*, et enfin, G pour sol. Ensuite, comme les notes par leur position se distinguaient aussi bien entre les lignes que sur les lignes, ils supprimèrent des lignes de deux en deux ; enfin, en détachant quatre ou cinq lignes avec leur clé ou *note-lettre* en rapport avec la place qu'occupait sur le clavier chaque nature de voix ou d'instruments, ils constituèrent la notation usuelle telle qu'elle existe aujourd'hui, présentant, comme extrait de la grande portée musicale, autant de portées particulières avec des clés indiquant leur place, qu'il y a de voix et d'instruments se mouvant dans toute l'étendue de l'échelle des sons, échelle s'élevant aujourd'hui à 6 ou 7 octaves. Voilà pourquoi les deux clés de *sol* et de *fa*, qui sont les clés des deux portées extrêmes, sont celles adoptées pour la notation des instruments concordants ou polyplectres, tels que orgue et piano.

Telle est en abrégé l'exposition du système de la notation usuelle pour ce qui regarde l'intonation.

Ce système a de l'ensemble, de l'harmonie : il est homogène et bien relié dans toutes ses parties. Créé sur et par le clavier, il représente parfaitement à l'œil l'étendue et le mouvement des sons ascendants et descendants. Aux yeux de la théorie, il est irréprochable. Il l'est aussi pour ceux qu'une longue pratique a tellement initiés à son usage, qu'ils ne conçoivent pas qu'on puisse lire la musique autrement que par ces moyens consacrés par le temps à un usage universel. Enfin, ayant pour lui à la fois les théoriciens et les praticiens, il semble que tout soit fini, et que cela ferme toute discussion. Non pas, s'il vous plaît : il est des gens qui osent récuser le témoignage des théoriciens d'une part, et celui des praticiens de l'autre. Contre les premiers, ils se fondent sur l'épreuve de l'enseignement contradictoire, qui démontre que de tous les systèmes que l'on pourrait employer pour faire lire la musique, celui de la notation par lignes est le plus difficile, non pas à *comprendre*, et c'est là ce qui séduit les théoriciens, mais à *pratiquer*, pour lire vite et bien. Contre les seconds, ils prétendent que l'habitude d'une chose contractée dès l'enfance ne prouve rien contre un autre usage. Enfin que l'habitude que l'on pourrait prendre de bien lire des phrases qui seraient écrites à l'envers, de lire correctement du français avec des caractères chinois ou des hiéroglyphes, ne prouverait pas contre un mode meilleur d'écrire et de lire, qui est celui que nous possédons. Et comme c'est en définitive l'expérience comparative entre notre mode de lire et d'écrire, et celui des Chinois et des Egyptiens, qui peut nous faire affirmer que notre système est meilleur, il s'en suit que l'on ne peut prouver qu'une chose soit bonne et meilleure qu'une autre, si elle manque d'un terme de comparaison, et c'est le cas de la notation usuelle. Autrement, les admirateurs de la perfection de cette notation tomberaient dans ce sophisme *cum hoc, ergo propter hoc*, le plus commun et le plus faux des raisonnements.

Le témoignage des uns qui la pratiquent exclusivement, ou des autres qui l'analysent sans pratique dans le silence du cabinet, ne prouve rien ni pour ni contre. Reste alors dans toute son intégrité le témoignage des expérimentateurs qui ont puisé leurs termes de comparaison dans la pratique des deux systèmes mis en parallèle sur les élèves des écoles.

Or, malheureusement pour le bel ensemble que présente l'agencement théorique de la notation usuelle, le témoignage unanime de tous ceux qui, dans l'enseignement pratique de la lecture musicale ont essayé les deux systèmes, pèse dans la balance de la raison d'une manière un peu plus forte que les allégations de ceux qui, dépourvus d'expériences contradictoires obtenues dans l'enseignement, ne présentent d'autres bases à leurs prétentions, ou que les habiletés d'une pratique personnelle qui ne prouvent rien, si nombreuses qu'elles soient, ou que les considérations spéculatives d'une théorie de cabinet.

C'est ainsi que les plus belles conceptions très-souvent voient s'évanouir aux épreuves de l'expérience, les séduisants avantages qu'elles semblaient promettre.

Les organistes, en détruisant le principe de la notation alphabétique de saint Grégoire, qui existait avant eux, pour n'en plus conserver que trois signes appelés aujourd'hui clés, et y substituer des points, ce qui était beaucoup plus commode pour eux, ont par ce fait compromis, non point les progrès de l'art, puisque la notation usuelle par lignes rend exactement toute la musique, mais sa vulgarisation. Si l'imprimerie avait été découverte à cette époque, ils n'auraient point obtenu ce résultat. Mais recopiant sur des lignes tous les manuscrits pour *organiser*, leurs manuscrits ont dû servir à leur tour pour le chant, et c'est ainsi que des maîtres organistes, la notation par lignes est passée aux élèves qui, devenus maîtres, routinés sur la notation qu'ils avaient exclusivement apprise, et surtout pour ne pas avoir la peine de recopier en lettres les manuscrits du clavier, l'ont transmis à leur tour à d'autres élèves ; ainsi de suite jusqu'à nos jours.

On n'a pas tardé à s'apercevoir que cette manière de lire pour faire entendre avec la voix des notes en points noirs placées sur les touches du clavier représentées par les lignes, donnait aux yeux la même opération à faire qu'aux 10 doigts de l'organiste qui se promènent sur un clavier, et qu'au lieu d'un seul signe, ce sont 10 signes que l'œil devait embrasser. En effet, pour qu'il y ait réciprocité de l'écriture musicale au clavier sur lequel elle est basée, il eût fallu avoir 10 yeux comme il y a 10 doigts.

Mais en vain, depuis cette époque, un certain nombre d'auteurs, dont il est curieux de connaître les ouvrages et les protestations, s'insurgèrent contre cette gymnastique de coups d'œil imposée inutilement à la lecture de la musique. Le mal était fait, il fut irrévocablement soutenu par ceux qui avaient acheté trop cher la lunette avec laquelle ils regardaient la musique pour la changer.

L'imprimerie, en venant ensuite avec ses types buriner et propager la notation par lignes, l'a consacrée à jamais d'une manière irrémédiable.

Aujourd'hui, il serait tout aussi absurde de vouloir changer la notation usuelle pour y substituer un autre système, à moins que ce soit une sténographie, qu'il le serait de vouloir changer les écritures alphabétiques des langues civilisées.

§ 2. Transposition des tons les uns dans les autres par changement d'armures.

Le clavier fixe de gauche étant donné, arrêtez-vous à l'une des touches blanche ou noire indiquant la tonique du ton demandé ; vis-à-vis, arrêtez l'*A* du clavier mobile, et, à partir de cet *A*, faites sonner les consonnes coïncidentes vis-à-vis. Par la seule inspection du mouvement ascendant ou descendant des consonnes se résolvant en dièse ou en bémol, pour mettre à leur place diatonique les secondes mineures de chaque ton, vous aurez à la fois, le nom, le nombre et la raison des dièses ou des bémols qui constituent un ton. On voit par là que pour quitter le ton d'une pièce de musique, le remettre dans un autre, et savoir le nom et le nombre d'accidents qui doivent être substitués ou ajoutés à ceux du ton précédent, il n'y a nulle difficulté, c'est à la portée d'un enfant.

Exemple :

Ton de *mi* naturel avec 4 dièses à la clé donnant *ma*, #*vé*, #*bi*, *geu*, *zo*, #*tu*, #*lou*, *na*, à échanger contre le ton de *la* ♭ avec 4 bémols à la clé, je trouve ♭*QA*, ♭*SÉ*, *di*, ♭*reu*, ♭*mo*, *vu*, *bou*, *ga*, etc., etc.

§ 3. Transposition sur la notation usuelle par substitution de clés.

On doit remarquer sur les parties latérales des deux claviers, les portées de la notation usuelle dont les lignes, interlignes et clés correspondent aux touches. En mettant en rapport la consonne d'un ton donné avec la voyelle du ton à transposer, il suffit de monter ou de descendre à la voyelle *a*, pour savoir, par le numéro de la ligne de la clé de *sol*, par exemple, avec lequel cet *a* entre en correspondance, le chiffre de la clé d'*ut* voulu par la transposition. Cette opération étant faite, la transposition a lieu par substitution ou changement de clés.

Exemple :

J'ai un morceau écrit en *mi* ♭ sur la clé de *sol*, je veux le transposer en *la* naturel : quelle clé faut-il prendre pour cela ? Je pose la voyelle *u* de la clé de *sol* du clavier mobile contre ♭ *n* de la même clé du clavier fixe ; je trouve clé d'*ut* seconde ligne, l'*A* se rencontrant devant la seconde ligne de la portée de *sol*, change cette ligne en clé d'*ut*. Pour trouver le nombre d'accidents à mettre à la clé, l'on recourra au procédé indiqué plus haut.

Pour *sol* en *mi* ♭, on fait une opération identique. Ex. *in* étant placé vis-à-vis *p*, je descends à l'*a*, et mettant clé d'*ut* sur la 1re ligne de la clé de *sol* correspondante à l'*a*, je trouve clé d'*ut* 1re ligne.

Pour *la* ♭ en *ré*, id., *é* étant placé vis-à-vis ♭ *q*, par la voyelle *a*, entre la 1re et la 2e ligne de la clé de *sol* du clavier gauche fixe, je trouve clé d'*ut* 2e ligne, comme si c'était *sol* naturel, la portée ne comportant pas de place pour les secondes mineures.

Pour *fa* en *si* ♭, id., *ut* étant placé vis-à-vis *f*, nous avons *a* sur la 2e ligne de la clé de *sol* ; par conséquent, ce sera encore clé d'*ut* 2e ligne.

Pour *sol* en *mi*, *i* étant vis-à-vis *p*, ce sera clé d'*ut* 1re ligne.

Pour *si* en *mi*, *i* étant vis-à-vis *s*, ce sera clé d'*ut* 2e ligne.

Pour *ré* en *mi*, *i* étant vis-à-vis *R*, ce sera clé d'*ut* 3e ligne, etc., etc. Ainsi de suite pour toutes les transpositions sur clé de *sol*.

L'opération est la même pour transposer tous les tons à partir des clés d'*ut* ou de *fa*.

On peut voir par tous les exemples précédents que la transposition à vue serait plus facile à apprendre avec les syllabes de rappel, *n'importe avec quelle notation,* que par les moyens ordinaires. Ainsi, pour *sol* à transposer en *mi♭,* l'on apprendrait à lire ♭*ma, ré, bi,* ♭*geu,* ♭*zo, tu, lou, na ;* pour *la♭* en *ré,* ce sêra *ra, mé,* #*vi, beu, go, zu,* #*tou, la,* et ainsi de suite pour tout le reste.

Nous sommes convaincu que l'élève qui commencerait l'étude du clavier en suivant ces principes et en pensant au nom syllabique que prendraient sur ce clavier toutes les transformations tonales avec toutes leurs appellations, non-seulement diatoniques, mais encore chromatiques, acquerrait dans le même temps donné un jeu assoupli à toutes les transpositions, et cela avec tout autant de facilité que ceux qui n'étudient que sous un seul point de vue, avec les dénominations incomplètes de la solmisation usuelle.

Mais, pour cela, il faut s'y prendre dès le commencement, et ne pas se routiner plus sur une gamme que sur une autre, plus sur une clé que sur une autre.

Il y a 7 clés à apprendre pour la transposition, parce que le même son est susceptible, par la transposition, de 7 transformations différentes.

Des musiciens s'imaginent que la notation par lignes serait au moins plus avantageuse pour la transposition qu'une notation alphabétique : c'est une erreur. S'il est en général plus facile d'apprendre à lire la musique sur une notation alphabétique, il serait réciproquement plus facile d'apprendre à lire et nommer par exemple chacun des **7** signes suivants :

	╱	╲	—	∩	∪	⌐	⌐
par 7 noms différents	*da*	*ré*	*mi*	*reu*	*bo*	*gu*	*zou*
	bu	*gé*	*zi*	*len*	*lo*	*nu*	*fou*
	ra	*mé*	*vi*	*beu*	*go*	*zu*	*lou* etc., etc..
ou encore	*da*	*dé*	*di*	*deu*	*do*	*du*	*dou*
	ba	*bé*	*bi*	*beu*	*bo*	*bu*	*bou*
	ra	*ré*	*ri*	*reu*	*ro*	*ru*	*rou* etc., etc..

qu'il le serait d'apprendre à lire et nommer les mêmes notes changeant ainsi 7 fois d'aspect sur des lignes, au moyen des clés.

On ne lit les *points-notes* sur les lignes que par leur position relative. Or, puisque c'est précisément cette position relative et indéterminée qui fait toute la difficulté de la lecture de la musique par la notation usuelle, cet état de choses ne peut que se compliquer davantage dans la transposition. La notation sténographique-mixte, pouvant se plier à la notation d'orgue et de piano, nous avons cru devoir insister sur l'observation précédente pour ne point laisser décourager par des préjugés sans fondements ceux qui, pour la transposition à vue sur piano ou orgue, voudraient, sur des commençants, expérimenter le parti que l'on pourrait tirer de cette notation.

En résumé, d'après les opérations du clavier mobile de tonalité ci-dessus, l'on a vu que l'on peut chanter les gammes majeures ou mineures ou les airs composés de ces gammes à telle place que ce soit, en faisant sonner chaque consonne comme tonique avec A, base de la gamme des voyelles : cela produit ou retranche des signes altératifs. Par conséquent, un air étant donné, on peut hausser ou baisser à volonté son ton, c'est-à-dire la place de sa tonique pour mettre cet air à la portée de la voix ou de l'instrument qui doit l'exécuter, s'il est trop bas ou trop haut pour eux.

C'est ce changement, ce déplacement de tonique d'un même mode, que l'on appelle transposition (mettre au delà). Rien n'est plus facile que cette opération par la solmisation double chromatique rendue palpable par le mécanisme du clavier mobile de tonalité. On voit par là instantanément la rentrée ou la sortie des accidents nécessaires à la constitution du nouveau ton.

Il ne faut pas confondre la *transposition* tonale, qui est l'abaissement ou l'élévation d'une pièce de musique sur l'un des degrés naturel ou altéré de l'échelle générale des sons et la *transcription*, qui est le choix entre les deux formes de notation chromatique ou diatonique, chromatique pour les instruments à doigté fixe, diatonique pour la voix et les instruments à claviers transpositeurs. La transcription contient la règle sous laquelle s'accomplit la volonté du compositeur dans la notation et l'exécution exacte des tons qu'il a adoptés. Cette règle, on ne saurait s'y soustraire sans inconvénient, car un ton n'est pas choisi sans intention ; le changer arbitrairement, c'est détruire l'effet de l'ensemble dans lequel il est encadré. Quand on chante tous les tons dans la gamme d'*ut*, l'on ne transpose pas, puisque le ton est toujours pris et gardé consciencieusement.

La transposition est donc un accident, une exception à la règle. C'est, en un mot, mettre la tonique ailleurs qu'à la place choisie par le compositeur, bien différente en cela de la transcription qui, laissant toujours la tonique à la même place, la fait écrire de deux manières, c'est-à-dire dans une forme ou dans une autre, dans la forme diatonique ou la forme chromatique, selon les exigences et les besoins de l'exécution.

Dans les cas ordinaires de transposition, lorsque l'on veut changer de ton, c'est-à-dire mettre le ton d'un morceau qui est composé pour une voix ou un instrument dans un autre ton, il suffit, avec la solmisation double d'un échange de voyelles, c'est-à-dire de mettre la voyelle *A* à côté de la consonne fixe de la gamme primordiale qui indique le degré où l'on veut monter ou descendre. Cette voyelle *A*, sonnant avec la consonne pour former syllabe, indiquera juste le ton transposé. Exemple : soit le ton de *sol* à transposer en *fa*, le ton de *mi*♭ en *si*, le ton de *ré* en *la*♭, on lira *va* au lieu de *ba* ; *za* au lieu de *ma* ♭ ; *ga* ♭ au lieu de *ra*, etc., etc.

Pour se convaincre de l'efficacité de ce procédé, il suffira de recourir au clavier mobile de tonalité ci-joint. Il rend, comme nous l'avons vu, un compte exact de l'effet des transpositions, en mettant en évidence les raisons de la rentrée ou de la sortie des accidents, du nombre et de l'espèce qui entrent dans chaque ton majeur ou mineur, pour constituer la succession modale diatonique des secondes majeures et mineures qui les composent.

Mais ce procédé de transposition ne saurait convenir au cas spécial où il s'agit de faire accorder ensemble plusieurs instruments constitués sur divers diapasons, comme le sont les instruments de musique militaire, ceux, par exemple : en *si* ♭, en *la* ♭, en *mi* ♭, etc.

De la transposition double pour l'accord des instruments
à divers diapasons.

Cette transposition est à double effet, puisqu'il y a le cas de la gamme particulière de l'instrument transposée sur la gamme primordiale d'*ut* et le ton qu'il faut écrire ensuite pour cette gamme particulière, pour l'accorder avec d'autres gammes du même genre et dans le même cas. Aussi, nous avons dû chercher un autre moyen qui puisse faire résoudre les cas complexes de la transposition instrumentale instantanément et à vue, comme avec le tableau mobile. Nous sommes assez heureux pour avoir réussi avec la table suivante :

Pour compléter ce petit traité de transposition et achever de le rendre applicable à tous les cas possibles, nous exposons ici par anticipation la table de transposition instrumentale extraite du Traité élémentaire d'instrumentation militaire que nous avons sous presse.

TABLE CHROMATIQUE DE TRANSPOSITION

Pour l'accord et les tons de tous les instruments à divers diapasons.

	ta	zou	♯ ♭	gu	♯ ♭	bo	♯ ♭	veu	mi	♯ ♭	ré	♯ ♭	da	Gamme chromatique du diapason des instruments.	
1	da	. . .	ré	. . .	mi	veu	. . .	bo	. . .	gu	. . .	zou	ta	♭ ou ♯	12
2		ré		mi	veu		bo		gu		zou	ta	. . .		11
3	ré		mi	veu		bo		gu		zou	ta		lé	♭ ou ♯	10
4		mi	veu		bo		gu		zou	ta		lé	. . .		9
5	mi	veu		bo		gu		zou	ta		lé		ni		8
6	veu		bo		gu		zou	ta		lé		ni	feu	♭ ou ♯	7
7		bo		gu		zou	ta		lé		ni	feu	. . .		6
8	bo		g		zou	ta		lé		ni	feu		po	♭ ou ♯	5
9		gu		zou	ta		lé		ni	feu		po	. . .		4
10	gu		zou	ta		lé		ni	feu		po		qu	♭ ou ♯	3
11		zou	ta		lé		ni	feu		po		qu	. . .		2
12	zou	ta		lé		ni	feu		po		qu		sou		1
	ta		lé		ni	feu		po		qu		sou	DA		
	1		2		3	4		5		6		7		gamme diatonique.	
	1	2	3	4	5	6	7	8	9	10	11	12		gamme chromatique.	

Les tons indiqués aux 12 gammes chromatiques ascendantes se prennent perpendiculairement aux 12 degrés descendants de la gamme chromatique des diapasons.

Explication de la table chromatique de transposition.

Soit, d'une part, une gamme chromatique descendante, d'une autre part, 12 colonnes de gammes chromatiques progressivement ascendantes, mises en rapport de correspondance avec chacune des notes de la gamme chromatique descendante.

La gamme descendante servira à l'indication des diapasons des instruments. Les 12 gammes ascendantes serviront à trouver les tons. Pour cela, le ton de la colonne d'un diapason étant donné, il suffira de chercher, sur l'alignement horizontal, la note qui forme l'angle de la colonne perpendiculaire aboutissant, dans le sens des chiffres, à l'autre diapason, pour être sûr de rencontrer dans cette note, le ton dans lequel devra être noté le second instrument à associer avec le premier, de manière à ce qu'ils puissent s'accorder parfaitement. Exemple :

Etant donné un instrument au diapason de *si* ♭, noté en *fa* naturel, à accorder avec un autre instrument au diapason de *mi* ♭, voici l'opération à faire :

sou ♭		*mi* ♭
1		12
2		11
3		10
4 *reu*		*la* 9

3, 4, 5, 6, 7, 8, 9, 10

Du *sou* ♭ descendez au *reu*, suivez horizontalement pour rencontrer la note *la* qui forme l'angle droit par la colonne perpendiculaire qui remonte au *mi* ♭.

La note *la* étant la note de l'angle de la colonne, en correspondance avec le diapason *mi* ♭, sera la tonique du ton dans lequel devra être écrite la gamme du diapason *mi* ♭ à accorder avec le diapason *sou* ♭ noté dans le ton de *reu*.

Ainsi de suite pour tous les diapasons à tous les tons. La table résout instantanément toutes les complications possibles. Aussi simple que la table de Pythagore dans son mécanisme, elle est à la transposition, ce que celle-ci est à la multiplication dans l'arithmétique : elle ne donne pas seulement les rapports de toniques à toniques, mais le rapport de toutes les notes intermédiaires, ce qui est fort avantageux pour accorder juste les instruments.

Ceux qui ne sauraient pas solfier par les nouvelles syllabes, peuvent néanmoins avoir leur signification, en les rapportant aux touches des claviers du tableau.

APPLICATION DE LA LANGUE DES INTONATIONS AU CLAVIER TRANSPOSITEUR DES ORGUES.

En collant, sur le devant de l'orgue, une bande de papier représentant, vis-à-vis les touches ordinaires, les consonnes de l'échelle fixe des sons, puis sur les touches mobiles du clavier transpositeur, les voyelles qui doivent correspondre avec les consonnes, on faciliterait considérablement l'usage du clavier transpositeur sur l'orgue, aussi bien pour la musique que pour le plain-chant. La transposition à vue est d'un usage indispensable dans le plain-chant ; qu'on accorde les modes, soit par la dominante, soit par la note la plus basse, comme nous le proposons et le marquons dans nos livres de chant.

EXEMPLE : Pour le plain-chant, prenons l'*introït* du x⁰ dimanche après la Pentecôte. Voulons-nous accorder les modes sur la note la plus basse des voix de basses, qui est *sol* représenté sur le clavier par *P;* trouvant que la note la plus basse de l'*introit* précité est *ré*, nous ferons glisser le clavier transpositeur de manière à mettre *E* vis-à-vis *P*, cela donne le ton de *fa*, et en lisant les notes telles qu'elles sont représentées, nous jouerons sur le clavier transpositeur dans le ton de *fa* sur la gamme diatonique écrite en *ut*.

Sans clavier transpositeur et sur le clavier ordinaire, il faudrait, en lisant la note la plus basse du morceau qui est *ré*, ébranler la touche *sol* en lisant *ré* et toutes les autres notes dans la même relation, y compris la tonique. *fa* qui est exprimée en lisant *ut;* et enfin l'on pense à mettre le ♭ sur *si* en lisant *fa*.

Avec la langue des intonations, cette opération se simplifierait ainsi : Par exemple, en lisant sur le clavier ordinaire non transpositeur, *É, I, EU, O, U, OU, a, é,* cherchez sur ce clavier *P, Q, S, d, r, m, v, b,* et exécutez *PÉ, QI, SEU, do, ru, mou, va, bé.* Cette double recherche, qui met en quelque sorte le doigté en contradiction avec la lecture, ne peut être opérée à vue à moins qu'on ne se soit habitué à la transposition dès le commencement des études musicales. C'est pour éviter au musicien tout ce travail que l'abbé Clergeau a inventé le clavier mobile destiné à opérer mécaniquement l'effet de transposition que nous venons de démontrer. Avec ce clavier, en lisant dans l'exemple précité *é, i, eu, o, u, ou, a, é,* comme l'indique la notation, nous n'avons qu'à mettre la touche *é* du clavier mobile vis-à-vis le son le plus bas qui est *P* ou *b* sur le clavier fixe, ce qui donne le ton de *fa*, et nous exécuterons à l'aide du clavier mobile dans le ton de *fa* en lisant *ré, mi, veu, bo, gu, zou, la, lé,* comme si c'était *PÉ, QI, SEU, do, ru, mou, va, bé;* c'est le clavier mobile qui se charge de lire et de faire la gamme *PÉ, QI, SEU, do, ru,* etc., etc.

Ainsi de même pour tout le reste dans le plain-chant.

Dans l'application du clavier mobile, il y a cette différence du plain-chant avec la musique, c'est que le plain-chant étant toujours noté dans la transcription diatonique, on touche toujours le plain-chant sur ce clavier comme on le chante, c'est-à-dire dans la gamme ou genre diatonique.

La musique, au contraire, étant toujours notée dans la transcription ou genre chromatique, le clavier mobile, haussé ou baissé d'un ou de plusieurs tons, ne se touche ni dans la gamme d'*ut* ni dans le ton réel où l'on joue, mais toujours dans le ton tel qu'il est noté et tel qu'on le lit avec les armures à la clé qu'il comporte, et cela toujours de même, quels que soient les tons dans lesquels on fasse passer le même morceau.

EXEMPLE : J'ai un morceau en *la*, c'est-à-dire *gu*, noté avec trois dièses à la clé, je veux le hausser d'une quarte, cela me donne le ton de *ré*, je pousse mon clavier transpositeur en mettant la voyelle *u* vis-à-vis la consonne *l* ou *r*, cela me donne bien la substitution du ton de *ré* au ton de *la*, c'est-à-dire *gu*; je serai néanmoins obligé d'exécuter, sur mon clavier mobile, encore ton de *gu*, avec trois dièses à la clé, parce que je lis toujours en *gu*.

L'exemple serait plus frappant encore si je haussais d'une tierce pour transposer mon ton de *gu* en *ut*, c'est-à-dire *da*, sans accident à la clé. Tandis que dans la transposition vocale, pour effacer les armures de la clé, on chante les tons les plus chargés de dièses ou de bémols dans la gamme d'*ut*. Ici, avec le clavier mobile transpositeur, le contraire a lieu, il faut jouer le ton d'*ut* même avec les gammes les plus chargées de dièses, lorsque le cas se présente, à moins que l'on ne transpose dans le ton d'*ut* à vue de lecture par les clés factices, ce qui annihilerait alors l'avantage du clavier transpositeur.

Mais en transcrivant tous les tons de la musique d'orgue

ou de piano dans le genre diatonique par la notation sténographique mixte, comme nous l'avons dit, le clavier transpositeur n'est plus borné au plain-chant comme moyen simplificateur du doigté, il transporte à la musique les avantages qui le signalent et le recommandent pour le plain-chant.

PROPOSITION ET PLAN D'UN SYSTÈME PROPRE A ÉVITER L'ACCORD PAR TEMPÉRAMENT DES INSTRUMENTS A CLAVIER.

Après avoir étudié le rapport de deux claviers comme démonstration de la tonalité musicale et explication du mécanisme de la transposition, nous sommes conduit tout naturellement à examiner le parti que l'on pourrait tirer de l'examen du clavier sous un autre point de vue, pour lui donner une application qui n'a pas encore été tentée, que nous sachions. Nous voulons parler des modifications dont les instruments à clavier seraient susceptibles pour éviter le tempérament et subir l'accord parfaitement juste qui leur manque.

Le clavier a été constitué de manière qu'une octave pût être frappée dans ses notes harmoniques intermédiaires avec les cinq doigts de la main. A cet effet, les secondes majeures ont été coupées en deux parties égales pour constituer les secondes mineures, dièse ou bémol, réunies au même point. De là est venue l'expression *demi-ton* pour désigner la coupure médiale des secondes majeures, improprement appelées *des tons*, et la répartition de ces *demi-tons* ou plutôt demi-secondes de la gamme en douze parties égales, laquelle a donné lieu au système du tempérament. Devant cet état de choses qui a pour lui l'autorité des siècles depuis l'invention des orgues, et de plus la sanction d'un usage universel, nous nous sommes demandé si, sans rien changer à la disposition des touches sur le clavier, il n'y aurait pas moyen cependant de construire un instrument qui ferait sonner séparément, d'une manière distincte, les dièses et les bémols comme cela a lieu sur la harpe, sur les instruments à touches libres, tels que violons, violoncelles, trombones, etc. Nous avons pensé qu'il serait très-possible d'arriver à ce résultat avec un clavier ordinaire présentant sur le même plan deux sortes de touches noires, les unes à la partie supérieure, les autres à la partie inférieure.

Pour réaliser cette idée, supposez un instrument dont les cordes, lames ou tuyaux soient disposés en assez grand nombre pour produire dans chaque octave, au lieu des douze sons employés uniquement aujourd'hui, les dix-sept sons nécessaires pour faire distinguer dans les secondes mineures les dièses d'avec les bémols. (*Voir* à ce sujet le Tableau à compartiment mobile de la langue des intonations, dans le vol. *Grammaire*, p. 115 et suiv., ou dans *l'Abrégé de la méthode*, p. 19.) Dix-sept leviers ou baguettes, servant d'intermédiaires entres les corps sonores et les touches, pourraient-ils être ébranlés par les doigts dans l'arrangement des touches noires que nous venons de proposer? Nous le pensons, pourvu que la largeur des dix-sept leviers dans chaque octave soit combinée de manière à ne pas laisser excéder à leur ensemble la largeur occupée par les touches ordinaires pour une octave. Alors les touches blanches, comme les deux parties des touches noires, pourraient ébranler chacune leur levier communiquant aux corps sonores par des pilotes diversement combinés, contournés ou enchevêtrés.

Il va sans dire que tout en laissant les touches du clavier dans les conditions ordinaires, le mécanisme qui, actuellement fait correspondre ces touches aux leviers et aux pilotes, serait changé ou modifié.

Les résultats que l'on a déjà obtenus avec des claviers mécaniques, les uns simplement transpositeurs, les autres harmoniques, donnent, à l'idée que nous proposons, chance d'être réalisée, surtout pour les instruments à tuyaux et à anches libres.

Peut-être ce mécanisme viendrait-il, pour le piano, déranger quelque chose au tact, c'est à-dire à la manière d'attaquer les touches par les mouvements fermes et souples des doigts. Mais, à part cet inconvénient, il serait toujours applicable à cet instrument considéré comme moyen d'étude et d'accompagnement.

Les claviers transpositeurs ou harmoniques dans leurs combinaisons ne dérangent rien au mécanisme ordinaire. Ici, pour entrer dans notre dessein, il faudrait un instrument à mécanisme nouveau fait exprès pour cela, et fournissant à chaque octave dix-sept sons différents. Un instrument à touches fixes qui pourrait, dans ses vibrations harmoniques, satisfaire les oreilles les plus délicates et rivaliser pour la justesse avec le violon et la voix humaine, offre des avantages musicaux assez grands pour exciter les facteurs à faire une tentative. La réussite doterait la musique d'un véritable progrès, dont s'enrichirait à la fois la fabrication instrumentale et la pratique de l'art en développant chez les musiciens un sentiment plus exquis de la justesse.

Avant de chercher la beauté des sons sur laquelle l'oreille finit par se blaser, l'on doit, sur les instruments à clavier, désirer une plus grande justesse, sans laquelle l'oreille n'est jamais pleinement satisfaite, même dans l'exécution la plus brillante des virtuoses. Si la harpe, par exemple, malgré des sons maigres et secs, si loin du velouté et de l'ampleur des bons pianos, est néanmoins plus recherchée et plus goûtée dans les concerts que ce dernier instrument, elle le doit assurément à son mécanisme à double mouvement au moyen duquel Sébastien Érard est parvenu à donner à chaque corde la possibilité de fournir trois intonations, savoir : le ♭, le ♮ et le ♯. Les instruments à cordes, de la famille du violon, sont évidemment inférieurs aux instruments à vent comme sonorité, ils priment néanmoins ces derniers instruments et ils doivent en partie cet avantage à une plus grande justesse, laquelle n'est pas entravée par des doigtés fixes et tempérés. Il en est de même du trombone, dont aucun orchestre ne saurait impunément se passer.

L'usage de former et de guider les voix avec les instruments accordés par tempérament et contre lequel *Choron* s'est élevé avec tant de force, exerce une influence funeste sur la formation de l'oreille. Nous en trouvons une preuve dans le cours des expériences que nous avons faites sur l'enseignement musical.

La notation sténographique donnant l'avantage, interdit à la notation usuelle, de pouvoir faire chanter tous les tons sur une seule gamme, la gamme d'*ut*, sans pour cela changer de clé, nous dûmes faire profiter de cet avantage les exécutants en musique vocale. Des musiciens, témoins de ce fait, soutinrent qu'exécuter les tons de la musique, soit avec les noms de *leur place* chromatique dans l'échelle générale, soit avec les noms de *leur propriété* diatonique dans la gamme d'*ut*, n'était pas une seule et même chose. Nous pensions qu'ils avaient tort, nous les fîmes chanter. Ils résonnaient juste, mais chantaient faux, c'est-à-dire avec tempérament. Pour les voix qui ne sauraient marcher sans avoir en pour guide le piano ou l'orgue, il leur est nécessaire, en effet, de chanter les tons avec l'armure qui leur indique la place des dièses ou des bémols pour qu'elles puissent tempérer avec l'instrument l'influence diatonique des affinités tonales qui les entraîneraient à faire trop haut ou trop bas, c'est-à-dire trop juste certains intervalles. Autrement ces voix, sous l'impression unique de la tonalité plus clairement rendue dans une transcription diatonique des tons, chanteraient d'autant plus juste qu'elles oublieraient le tempérament exigé par leur instrument, et le disparate qui résulterait de ce défaut d'accord serait plus choquant que le tempérament lui-même.

Nous ne parlons ici que des voix des faibles musiciens. Pour les voix des artistes, l'accompagnement du piano n'a pas le même inconvénient. Ils ne sont artistes qu'à la condition de chanter avant tout très-juste. Aussi l'accompagnement des voix d'artistes par le piano est-il toujours assez faible pour ne jamais heurter la justese de ces voix, ce n'est qu'un léger murmure harmonique dont les ondes sonores servent de cadre à un beau chant. Le piano est alors pour le bon chanteur le piédestal qu'il foule, et non le bâton protecteur sur lequel il chercherait un appui. C'est encore pour cette raison que l'orgue, qui ne jouit pas du privilége du piano, nous a toujours semblé, à cause du tempérament, un instrument mal choisi comme accompagnateur de la voix humaine. Car de deux choses l'une, ou les voix s'harmonient d'autant mieux avec lui qu'elles se fondent et se laissent absorber dans le tempérament qu'il leur impose, ou, pleines de justesse et d'expression, elles se suffisent à elles-mêmes et se montrent rebelles au tempérament : dans le premier cas, ces voix paraissent inutiles et ne sont plus qu'une superfétation, autant vaudrait les remplacer par les tuyaux qui les imitent et portent leur nom; dans le second cas, l'accompagnement est inutile, puisqu'il ne produit aucun effet d'art; il est même nuisible à l'art et contraire au bon goût, si le contraste entre un instrument tempéré et des voix qui ne le sont pas, paraît trop choquant. En effet, l'orgue a été fait pour jouer seul et s'accompagner lui-même.

C'est un orchestre jaloux, et il doit dominer seul sous les voûtes des églises lorsqu'il les ébranle de ses puissants et majestueux accords. Dans ces conditions il est sublime d'effets, parce que, riche de ses propres ressources et de ses combinaisons multipliées, il a pris dans le domaine de l'art une place qui ne saurait lui être disputée. Alors, c'est bien le roi des instruments, et en l'entendant ainsi dans une tribune élevée comme sur un trône, personne ne s'avisera de critiquer le tempérament qui règle sa magnifique harmonie. Mais l'orgue, malgré toutes ces belles qualités, n'étant pas juste ni expressif comme la voix humaine, n'est pas dans les conditions du piano. Il a une sonorité trop forte et trop perçante pour ne pas nuire à quelque chose d'aussi délicat que les organes de la voix humaine, et faute de se fondre et de s'accorder doucement avec elle, il la subjugue et l'écrase.

Nous avons dit que pour rendre le clavier ordinaire susceptible de mettre en mouvement les dix-sept leviers voulus sans agrandir l'étendue actuelle des octaves ni rien changer à la disposition des touches, il fallait établir, dans la direction perpendiculaire des touches noires, une autre espèce de petites touches noires placées à la bordure extérieure, entre les touches blanches. Alors les touches noires supérieures dans leur forme actuelle serviraient à faire les dièses *en avançant la main* sur le clavier comme d'habitude, et les touches inférieures, ajoutées hors la ligne du clavier dans la direction des touches supérieures, serviraient à faire les bémols *en reculant la main.*

Une autre modification se présente encore : elle consisterait à rendre la touche noire dédoublée dans sa longueur comme certaines clés d'instruments à vent, une moitié ferait le dièse, l'autre ferait le bémol.

Enfin il suffirait d'un mécanisme mis en rapport avec un

mouvement du pied ou de tout autre membre pour faire rendre à une seule et même touche, tantôt le dièse, tantôt le bémol.

Nous pensons que la première de ces trois dispositions serait la préférable, bien qu'elle apporte à l'exécution des bémols une modification au doigté actuel.

Une objection se présente ici, c'est que la préoccupation de chercher et de faire sur le clavier la différence du dièse d'avec le bémol pourrait nuire à l'exécution des traits rapides dans les tons chargés de dièses et de bémols. D'abord, à moins que l'expérience ne démontre le contraire, il n'y a pas de raison de penser que dans la première disposition dont nous avons parlé, il soit plus difficile sur le clavier de reculer la main pour faire les bémols, que de l'avancer pour faire les dièses. Mais y eût-il un inconvient à cela, il y a moyen d'y parer.

Qui empêcherait de rendre mobile et transpositeur le nouveau clavier, comme cela existe déjà pour l'ancien. Le clavier transpositeur pouvant reproduire tous les tons avec la seule gamme d'*ut*, ne présenterait jamais dans ce cas au doigté que les bémols et dièses amenés par les modulations. On conçoit alors que les touches noires inférieures ne seraient plus un obstacle à la rapidité du trait, puisque le dièse et le bémol n'auraient plus qu'un rôle secondaire, celui de colorer la tonalité par les modulations, au lieu d'un rôle principal, celui de constituer la tonalité elle-même. Son emploi ne serait plus qu'*accidentel*, comme l'indique du reste le nom générique de signe *accidentel* attribué au dièse et au bémol restreints aux modulations.

Mais il ne faut pas se dissimuler que le clavier transpositeur, malgré les avantages qu'il renferme, ne saurait, dans ce cas, s'appliquer à la musique transcrite chromatiquement, telle qu'elle l'est dans la notation usuelle pour rendre tous les tons. Ce clavier transpositeur, en faisant exécuter ces tons par la gamme d'*ut*, exigerait en même temps une transposition diatonique toute spéciale, et cette transcription ne pourrait être réalisée dans la notation usuelle que par des changements de clé, ce qui la rendrait très-difficile à lire.

L'usage du clavier transpositeur demanderait en conséquence l'emploi de la notation sténographique mixte, telle que nous l'avons appliquée à la musique d'orgue et piano. Cette notation par ses clés ne change pas, comme la notation ordinaire, la relation visuelle des notes dans les transpositions de tons.

La musique est arrivée aujourd'hui à son apogée, la composition et l'exécution ont atteint des limites après lesquelles l'art semble n'avoir plus rien à attendre. Le seul progrès qui lui resterait donc encore à faire, en dehors de ces deux points, serait une notation qui vulgarisât l'exécution chorale de la musique par les mêmes procédés alphabétiques qui ont vulgarisé la lecture des langues chez les peuples civilisés, une exécution enfin qui facilitât le jeu des instruments à clavier rendus plus justes. Mais, chose étonnante ! tous les genres de progrès sont et seront admis par certains musiciens, à la condition de respecter la notation usuelle comme une arche sainte à laquelle il serait défendu de toucher sous peine de mort... musicale. Ils aimeraient mieux voir périr l'art lui-même que la violation du principe qu'ils ont posé. En général, dans tous les arts, un procédé nouveau créé pour une application nouvelle ou plus étendue, est considéré comme une richesse, dès lors que cela n'anéantit pas les autres procédés antérieurs reconnus utiles. A entendre ces musiciens, il faudrait raisonner autrement quand il s'agit de musique; mais s'il est des artistes qui ne savent qu'enfiler des notes les unes après les autres, il en est d'autres qui savent aussi remuer des idées, et c'est particulièrement à ceux-là que nous nous adressons, autrement ce serait perdre du temps que de chercher à convaincre les premiers.

COMBINAISONS DIVERSES

des lignes de la Notation usuelle d'après l'échelle modale de la gamme.

ESSAI SUR LES AMÉLIORATIONS DONT CETTE NOTATION SERAIT SUSCEPTIBLE.

L'une des grandes difficultés de la notation usuelle appliquée surtout à la musique vocale, c'est d'obliger le chanteur à lire autant de gammes différentes [1] sur une seule clé ou autant de clés différentes pour une seule gamme [2], qu'il y a de tons : en effet, pour exécuter toute musique dans l'étendue de l'échelle générale, la voix doit connaître sept clés susceptibles de porter chacune successivement dix-sept combinaisons de dièses et de bémols simples et doubles sur les deux modes majeur et mineur. Mais en réalité, pour produire le même résultat, avec un autre système d'agencement des

[1] Dans la musique moderne, aussi bien pour le chant que pour l'instrumentation.

[2] Dans la musique ancienne conservée par le plain-chant, la hauteur des gammes, c'est-à-dire le plus ou moins d'élévation des sept tons des quatorze modes, est marqué par des clés. Dans la musique moderne, au contraire, une seule clé suffit pour toutes les gammes des dix-sept tons par dièses et par bémols des deux modes majeur et mineur, c'est ce qui rend le plain-chant noté par les quatre lignes ordinaires, aussi difficile à exécuter par les voix que la musique moderne.

points-notes sur les lignes, elle n'aurait besoin que des deux gammes majeure et mineure et d'une SEULE clé. C'est donc quatorze combinaisons inutiles que l'on épargnerait à la musique vocale avec deux gammes et l'unité de clé, sans exclure pour cela les dièses et les bémols (dits accidentels) amenés par les modulations. Cette raison seule donne l'explication pourquoi, malgré sa grande facilité, le chant choral d'harmonie, cette musique si utile, si puissante, si belle d'effets, est généralement négligée, et compte si peu d'adeptes, dans les villes mêmes où l'on s'efforce de la propager par des cours publics.

Pour éviter ces quatorze combinaisons, il n'y aurait pas de changements ni de suppressions à opérer dans les lignes ni dans les autres signes de la notation usuelle, il suffirait de modifier l'écartement des lignes dans les portées ordinaires.

Si la notation usuelle n'était pas le résultat du hasard qui a fait disposer les lignes et leurs espaces conformément à l'ordre et à la succession des touches du clavier des orgues ; si, au contraire, comme le pensent et le disent même beaucoup de musiciens, elle avait été créée dans l'intention de faciliter la lecture des notes par leur position, assurément, elle reproduirait à l'œil l'effet des 2 secondes mineures de la gamme. S'il en est autrement, si, reproduisant d'une manière semblable et uniforme des relations différentes, cette notation n'avertit point l'œil de la différence qui existe entre les 2 secondes mineures et les 5 secondes majeures de la gamme, il faut nécessairement admettre que, bien loin de peindre à l'œil ce que la voix ou l'instrument doit exécuter, elle jette dans l'œil et les idées un trouble dont une grande habitude peut seule faire disparaître les inconvénients. L'habitude est une excellente chose dans les arts pratiques, mais elle ne doit pas aller jusqu'à faire méconnaître aux praticiens les lois du plus simple raisonnement.

PREMIER EXEMPLE.

Notation diatonique par l'indication des secondes mineures de la gamme : combinaison à cinq lignes pour musique ou plain-chant.

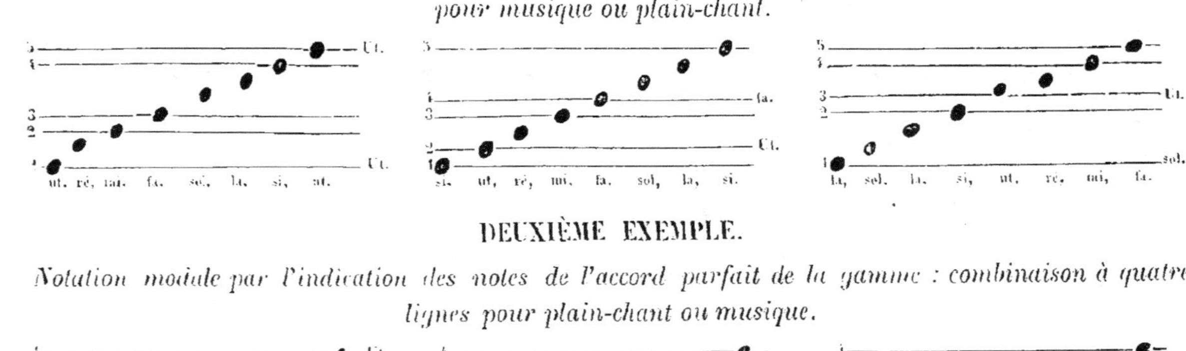

DEUXIÈME EXEMPLE.

Notation modale par l'indication des notes de l'accord parfait de la gamme : combinaison à quatre lignes pour plain-chant ou musique.

N.-B. En tête des lignes qui portent l'*ut*, devraient être marqués, comme dans la notation usuelle, les signes clés d'*ut*. Comme ils manquent, il est facile de se figurer à l'œil la place où ils devraient être. Aux deux exemples, l'on peut trouver l'analogie des clés usuelles de *fa* et de *sol*.

Au 2ᵉ exemple, l'on doit remarquer que les notes de l'accord parfait sont posées sur les lignes, et les notes intermédiaires de cet accord sur les interlignes. Dans les deux exemples à choisir qui précèdent, l'*ut* étant toujours à la même place en bas, en haut et au milieu, remplace les clés, sans pour cela changer, comme dans l'agencement ordinaire des points-notes sur les lignes, la relation visuelle de ces notes à chaque octave et à chaque clé. Les valeurs de temps s'indiqueraient comme d'ordinaire par les diverses modifications des points-notes.

De tous les systèmes d'amélioration dont la notation usuelle est susceptible, celui proposé ici, serait, non pas le meilleur, mais le moins chargé de modifications. Néanmoins, pense-t-on qu'il soit possible de faire adopter celui-ci ou tout autre analogue, malgré les avantages qui en résulteraient pour la facilité de la lecture et la vulgarisation de l'art? Non, certes. La musique, jusqu'à la fin des temps, continuera à être notée, imprimée, réimprimée dans le train-train habituel, nonobstant l'appui même que pourrait trouver une modification utile, si légère qu'elle soit, dans un avis favorable donné par des théoriciens et des artistes compétents. Pourquoi? Par la même raison qui s'opposerait à l'addition ou suppression d'un point, à l'altération d'un simple jambage dans l'une des lettres de l'alphabet, tentative qui autrefois fit reculer la puissance même d'un empereur romain.

Peut-être, pour la musique, trouverait-on l'explication du motif qui doit s'opposer toujours à une légère modification dans l'espacement des lignes que nous proposons. Il y a en effet une telle masse de musique imprimée, que, pour ne pas rester étranger à toutes ces productions, l'œil du musicien ne doit pas s'égarer sur des dispositions de lignes plus avantageuses, quelque commodes qu'elles soient. En raison même des difficultés de la notation usuelle, le musicien ne saurait trop tôt étudier cette notation et n'en point lire d'autres, qui ne sauraient lui servir de sténographie. Mais il n'en est pas de même du chant d'Église, ayant une notation spéciale autre que celle de la musique, et borné à un ou deux volumes. Il est étonnant que, dans le grand nombre d'éditions nouvelles qui se produisent tous les jours, aucun imprimeur n'ait eu l'idée d'espacer les quatre lignes du plain-chant dans le sens que nous indiquons au deuxième exemple. Cette disposition aurait l'avantage de ne rien déranger dans les habitudes reçues, puisque les lecteurs ordinaires de plain-chant retrouveraient leurs trois clés d'*ut* sur la 4e, la 3e et la 2e ligne. Mais elle aurait l'immense avantage d'épargner aux commençants les principales difficultés de la lecture par lignes. Ce simple fait suffit pour donner une idée de la puissance que la routine exerce sur les esprits, et pour démontrer mieux que jamais l'obstacle qu'elle apporte aux améliorations les plus utiles.

Devant cette impossibilité de la moindre modification à apporter à la notation usuelle, aussi bien qu'à toute autre écriture de langues, l'on pourrait se demander par quel motif nous ne craignons pas de proposer des publications imprimées dans une notation, si étrange au premier coup d'œil, puisqu'elle rompt radicalement non-seulement avec la notation usuelle, mais encore avec tous les signes d'écriture connue, tels que les lettres alphabétiques ou les chiffres arabes employés aujourd'hui, par exemple, avec un certain succès par l'école GALIN-PARIS-CHEVÉ. Nous répondrons par la question elle-même. Ce n'est point une substitution par des signes connus comme les chiffres arabes, ni une modification, comme ci-dessus, que nous proposons, nous nous inclinons devant l'immutabilité des signes de la notation usuelle.

Nous nous bornons à cette seule remarque : depuis longtemps, à côté de l'écriture alphabétique littéraire universelle, il existe une écriture auxiliaire [1] destinée à reproduire la parole aussi vite qu'elle est émise. Cette écriture, également dans son application à la langue musicale, peut très-bien, par analogie, marcher à côté de l'écriture usuelle de la musique, pour reproduire le chant aussi vite qu'il est émis, et cela sans déplacement ni annulation des moyens ordinaires. Telle est la STÉNOGRAPHIE. Les signes qui la constituent ne peuvent être autres que des signes spéciaux, non *arbitraires*, c'est-à-dire soumis à toute la rigueur du calcul géométrique : et par cette raison, ils doivent être étrangers à tous les signes des écritures connues, dont le tracé primitif n'a jamais été choisi en vue de l'utilité sténographique. Écrire la musique au moyen de la sténographie, dix fois plus vite que par les procédés ordinaires, et écrire le chant instantanément, et à la simple audition, est un avantage aussi précieux pour la langue de la musique que pour la langue de la parole.

Toute la question, la seule à examiner, à propos des publications en notation sténographique, n'est donc pas de raisonner *à priori* et à perte d'haleine sur l'opportunité ou l'inopportunité d'une nouvelle notation, nous avons dit la raison qui doit faire écarter, par une fin de non recevoir, toute proposition de changement de notation ; mais tout simplement de rechercher si, comme sténographie, chose dont l'utilité en principe ne souffre point discussion, la Sténographie musicale dont nous sommes l'auteur, forme un ensemble de combinaisons rationnelles, un tout complet, homogène, bien relié dans ses parties, et si, à ce titre, elle atteint mieux qu'aucune autre le but proposé sous le triple rapport de la RAPIDITÉ, de la LISIBILITÉ et de l'EXACTITUDE.

[1] Voyez *Sténographie, ou l'art d'écrire aussi vite que parle un orateur*, par CONEN DE PRÉPÉAN, 6ᵉ édition. Paris, chez Vrayet de Surcy, rue de Sèvres, nº 2.

Notation modale double sur quatre lignes indiquant à la fois le mode et les tons.

N° 1. Ton de *sol* majeur. Noires.   N° 2. Ton de *la* majeur. Rondes.   N° 3. Ton de *sol* mineur. Blanches.

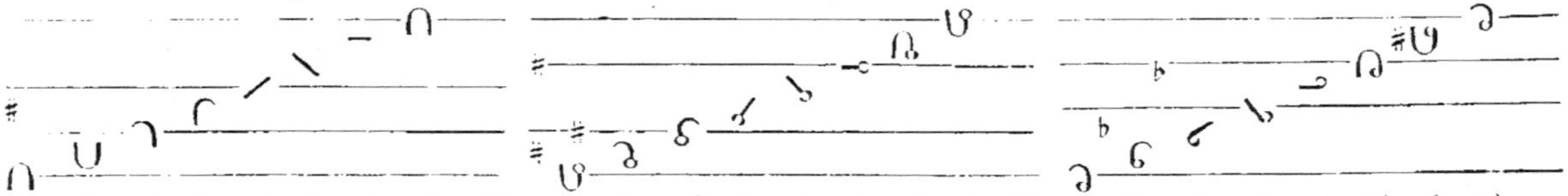

Place.
Propriété { ut, ré. mi. fa, sol, la. si. ut. Id.   mi. fa, sol, la, si, ut, ré, mi. Id.   sol. la, si, ut, ré, mi, fa. sol.   } Par lignes.
du son. { fa. sol, la, si, ut. ré, mi, fa. Id.   sol. la, si, ut, ré, mi, fa, sol. Id.   la, si, ut, ré, mi, fa, sol, la.   } Par les figures.

N.–B. Pour la place / Pour la propriété du SON lisez { par leur position sur ou entre les lignes, les figures comme points-notes. / les notes par leurs figures seules, sans les lignes.

Il est évident que l'on pourrait réciproquement indiquer la propriété par la position, et la place par la figure des notes.

Exemple de cet effet sur les cinq lignes de la notation diatonique double.

N° 4. Ton de *ré* majeur. Croches.   N° 5. Ton de *fa* majeur. Doubles-croches.   N° 6. Ton de *sol* majeur. Triples-croches.

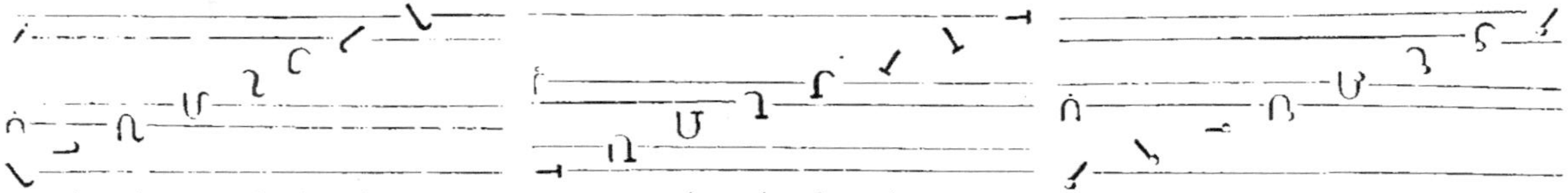

Propriété. ut, ré, mi, fa, sol, la, si, ut.   si, ut, ré, mi, fa, sol, la, si.   fa, sol, la, si, ut, ré, mi, fa   } Par les lignes.
Place. ré, mi, fa, sol, la, si, ut, ré.   mi, la, sol, la, si, ut, ré, mi.   ut, ré, mi, fa, sol, la, si, ut.   } Par les figures.

N. B. Pour la propriété / Pour la place lisez { les figures comme notes pointant les lignes. / les notes par leur figure seule sans les lignes.

EXPLICATION DU TABLEAU DE LA NOTATION PAR LIGNES
A DOUBLE EFFET.

S'il avait été possible de songer au perfectionnement idéal de la notation usuelle, en dehors des principes d'immutabilité ou de sténographie que nous avons prouvés être les seuls admissibles aujourd'hui devant les faits accomplis et l'opinion, il eût été facile, en empruntant aux divers systèmes les plus rationnels ce qu'ils ont de meilleur dans leur spécialité propre, d'établir une notation qui eût participé à leurs avantages, sans donner prise aux objections qu'a soulevées leur emploi exclusif comme notation. Les essais que l'on tenterait dans cette voie d'éclectisme, donneraient lieu à certaines combinaisons que nous allons examiner. Considérons d'abord l'Intonation.

Sur les quatre ou cinq lignes et interlignes de la notation usuelle distancées, comme nous l'avons dit, pour peindre l'effet soit diatonique, soit modal de la gamme, supposons échelonnés les signes-notes sténographiques. Dans cet état, ces signes pourraient être considérés, tantôt comme les points-notes ordinaires, pour indiquer la place réelle des sons dans la série des octaves de la gamme fixées à un seul diapason conventionnel, tantôt comme des figures spéciales, pour indiquer par leurs formes distinctes les propriétés diatoniques et modales de chacun des sons de la gamme. Dans le premier cas, les changements de propriété que doivent subir les notes fixes à chaque déplacement de tonique, seraient indiqués, sur la position des lignes, par les signes dièses ou bémols. Ce serait là le moyen de marquer en *forme* de notation double, le rapport de la propriété des sons avec leur place. *Propriété* et *place* des intonations musicales sont deux choses qui, dans toute notation simple, se contrarient toujours, soit qu'on note par transcription diatonique tous les tons dans une seule et même gamme, celle d'*ut*, pour la commodité des voix en faveur des chanteurs, soit que, par une transcription chromatique de ces tons, l'on veuille exprimer seulement la place réelle que les sons occupent dans la gamme primordiale, en les modifiant selon les tons, par les dièses ou par les bémols, pour la plus grande commodité du doigté des instrumentistes qui, par ce moyen, exécutent tous les tons sur leurs instruments.

En lisant les notes par leur place, le musicien, pour chanter ou pour jouer juste, fera en même temps et du même coup d'œil attention aux signes indicatifs de la propriété, ou réciproquement en lisant les notes par leur propriété, il tiendra compte du signe de leur place pour retrouver l'unité de diapason à travers toutes les migrations tonales amenées par les déplacements successifs de la tonique. Les modifications finales ajoutées aux notes à partir du n° 1er, indiquent les valeurs de durée indépendamment de leurs attributions pour l'intonation. Ces valeurs de durée, par leur nom et leur forme, sont l'équivalent des valeurs analogues dans la notation usuelle. Il est évident que l'on doit, comme dans la notation usuelle, mettre sur les groupes de notes les barres ou doubles barres horizontales pour indiquer la liaison des sons dans les durées fractionnaires.

Voyons maintenant pour la DURÉE MUSICALE.

Les mêmes signes sténographiques, par les modifications dont leurs formes unitaires sont susceptibles, peuvent, comme il est indiqué ci-dessus, se plier à toutes les exigences de valeurs de durée exprimées par la notation usuelle [1], depuis

---

[1] *Voyez* les Ouvrages ci-après annoncés.

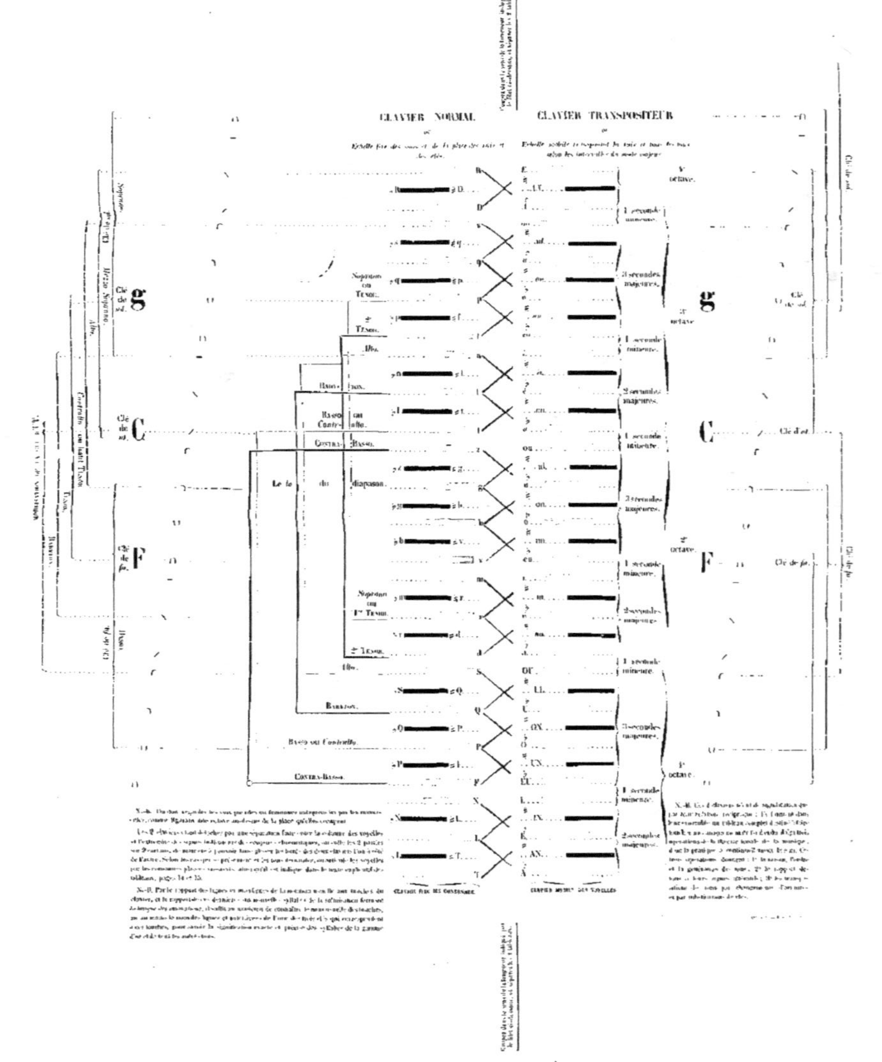

CLAVIER NORMAL
CLAVIER TRANSPOSITEUR
CLAVIER FIXE DES CONSONNES
CLAVIER MOBILE DES VOYELLES

la ronde jusqu'à la quadruple croche ; et à plus forte raison, peuvent-ils subir pour le groupement des sons fractionnaires les dispositions ingénieuses du chronoméristc de GALIN. Ces systèmes, celui usuel et celui du chronomériste, se complètent parfaitement l'un par l'autre, surtout dans le cas où ce chronoméristc se trouve insuffisant comme pour la musique avec paroles, à cause de la séparation des syllabes, pour l'orgue et autres instruments polyplectres. Cette combinaison des deux systèmes de la notation rhythmique des sons ferait retrouver pour la durée le même avantage que l'on a obtenu pour l'intonation dans l'alliance de la notation sténographique avec la notation usuelle. Là on a dépeint aux yeux le mouvement modal de la tonalité des sons rapportés à leur stabilité, ici l'on rend ostensible le rapport de l'unité de temps musical avec ses multiples, avec toutes ses divisions et subdivisions tant binaires que ternaires.

Dans l'hypothèse où ce système servirait à l'enseignement de la musique, il aurait sur tout autre cet avantage, c'est qu'appuyé d'un côté sur la notation usuelle par les lignes et les valeurs de durée, et de l'autre côté sur la Sténographie musicale par les signes-notes remplaçant les points, le tout combiné et fondu ensemble, non-seulement il servirait à l'élève comme la meilleure démonstration pratique de l'exécution et de la théorie musicale qu'il soit possible d'imaginer, mais encore il serait appelé à des conséquences plus étendues. En effet, comme les chiffres ou tous autres signes alphabétiques *arbitraires* employés à apprendre la musique, mais non à la continuer, la notation double ne serait point un de ces outils que l'on rejette plus tard quand on est parvenu, il resterait utilisé pour toute la vie. L'apprenti musicien élevé au rang d'artiste trouvera toujours à l'appliquer, et comme *lecture* dans la pratique de la notation usuelle à laquelle il faut toujours aboutir en définitive, et comme *écriture* abréviative. Dans ce dernier état, la Sténographie musicale pure et sans alliage, devenue le complément utile du talent, lorsqu'elle sera suffisamment étudiée pour être répandue, sera toujours, nous ne saurions trop le répéter, l'auxiliaire, jamais l'antagoniste de la notation usuelle.

Les publications en Sténographie musicale typographiée ci-après annoncées, ont trois objets : le PREMIER, de rendre familière aux musiciens déjà habiles l'application de cette Sténographie, pour qu'ils puissent acquérir le mérite si facile d'écrire le chant instantanément à l'audition, et de copier leur musique dix fois plus vite que par les procédés ordinaires. Le SECOND, de présenter aux chanteurs, par la transposition, l'unité de gamme pour tous les tons et l'unité de clé pour toutes les octaves, avantage précieux qu'ils demanderaient en vain à la notation usuelle. Le TROISIÈME enfin, pour les élèves qui commenceraient l'étude de la musique par la musique vocale sur la notation sténographique, d'épargner un temps considérable souvent dépensé en pure perte par des tâtonnements infructueux.

Or, rien n'est plus propre à cela que des publications d'un usage quotidien universel et pratique comme le chant d'église et des chœurs populaires. La lecture de ces livres, prise pour exercice de solfége, ne saurait dispenser d'ailleurs de la connaissance subséquente de la notation usuelle qui, comme les écritures ordinaires, doit toujours servir de calque et de type matricule à toute écriture sténographique ultérieure.

FIN.

TABLE DES MATIÈRES.

ANNEXÉ AU VOLUME :

Tableau général de transposition formé de deux claviers séparés à coller sur carton.

Abbeville. — Imp. Jeunet.

Typographie musicale-sténographique. — Exposition universelle de 1855, Mention honorable.

MUSIQUE RELIGIEUSE.

LIVRES PRATIQUES.
TEXTE LITURGIQUE LATIN. — PLAIN-CHANT.

	FR. C.	FRANCO PAR LA POSTE. FR. C.
Paroissien romain, noté, complet, contenant les Messes et les Vêpres des Dimanches et Fêtes et de tous les Saints du rit double, la Mémoire des sémi-doubles et simples, les Matines et Laudes de Noël, de Pâques et des Morts, etc. 1 vol. in-18 de 850 pages. Prix. 2 éditions : une de Lecoffre, l'autre de Nivers 1734.	6 »	6 75

EXTRAIT DU PAROISSIEN ROMAIN.

	FR. C.	FR. C.
Manuel des ordinaires du matin et du soir, contenant l'ordinaire du chant des Messes, les Psaumes et Hymnes des Communs et des Propres, les Saluts et l'Office des Morts. 1 vol. de 216 pages in-12. Prix.	2 »	2 25
Livraisons de plain-chant en faux-bour-don, à 3 et 4 voix, pour Messes et Saluts, même format que le Paroissien. In-12 de 36 pages. 1re livraison. Prix.	» 60	» 75
Psaumes et Cantiques de tous les Offices de l'année en faux-bourdon, à 4 parties, chantés notes contre syllabes et syllabes contre notes, par un procédé nouveau. 1 vol. relié in-8. Prix.	3 »	3 50

Chant musical à 3 et 4 voix.

	FR. C.	FR. C.
Motets et Messes, par livraisons de 16 pages in-8. 1re livraison de Messes (*Messe d'Elsner*) à 3 voix égales. 1re livraison de motets. Motets au Saint-Sacrement, à la sainte Vierge, et *De Deo*. Prix de chacune.	» 20	» 30

TEXTE FRANÇAIS.

	FR. C.	FR. C.
Recueil de 260 Cantiques de paroisse, à 3 voix, notes contre syllabes et syllabes contre notes. 1 vol. in-8 de 370 pages. Prix.	6 »	6 50
Le même séparé, en 3 parties égales : 1° Propre du Temps. 2° Doctrine Chrétienne. 3° Fêtes des Saints et Mois de Marie. Prix de chaque partie.	2 25	2 45
Choix de Cantiques, à 3 et 4 voix, paroles et musique en correspondance. 1re livraison in-8. Prix.	» 20	» 30
Choix de 120 Cantiques pour toute l'année, paroles seules. 1 vol. in-12 de 96 pages. Prix.	» 50	» 60
Recueil de 106 airs connus et faciles des 120 Cantiques. 1 vol. in-8 de 76 pages. Prix.	1 »	1 15

LIVRES THÉORIQUES.

	FR. C.	FR. C.
Méthode de plain-chant devant paraître plus tard.		
Méthode de transposition : raison et explication des syllabes de transposition mises en tête de tous les morceaux de chant. 1 vol. in-8 avec tableau détaché. Prix.	1 50	1 65

LIVRES POLÉMIQUES.

	FR. C.	FR. C.
Exécution du plain-chant et de la musique par les consonnes de la solmisation seules. Prix.	» 75	» 85
De la musique religieuse et de ses moyens d'exécution. Prix.	» 75	» 85

Abbeville. — Imp. Jeunet. Typographie musicale-sténographique. Exposition universelle de 1855. M. H.